家のなかの
ごみをへらす
取り組みを
考えよう!

う～ん、
むずかしい
問題だね。

どんなことから
はじめると
いいのかな?

めざせ！ごみゼロマスター

②
家で
レッツごみゼロ

監修　**和田由貴**
節約アドバイザー・消費生活アドバイザー・3R推進マイスター

WAVE出版

もくじ

この本の監修の先生からメッセージ　和田由貴

　「めざせ! ごみゼロマスター」は、身近なごみの問題をもっと知ってもらうためにできました。1巻はごみの基礎知識、2巻と3巻では、ごみを減らすためにできることや、社会でおこなわれている取り組みを学ぶことができます。わたしたちの快適な暮らしは、地球の資源を使うことで成り立っています。この限りある資源を大切に使い、今の環境を保つためには、ごみを減らすことが必要なのです。このシリーズで理解を深め、ぜひごみの減量を実践につなげてください。

この本の登場人物

3人といっしょにごみのことを学んでね！

エコまる

ごみ問題によって危機がせまる地球のことを心配して、ごみゼロ星からやってきた。

みく

小学4年生。しっかり者でとてもやさしい。動物が好き。

ゆうた

小学4年生。明るくておおざっぱな性格。勉強は少し苦手。

このシリーズの特ちょうと使い方

　この「めざせ！　ごみゼロマスター」のシリーズは、ごみ問題の基本的なことをしょうかいする「1巻　ごみはどこから出るの？」、家でできる取り組みをしょうかいする「2巻　家でレッツごみゼロ」、学校や町での取り組みをしょうかいする「3巻　学校と町でレッツごみゼロ」の3冊で構成されているよ。

　いま地球で起きているごみの問題やその原因、そしてそれを解決するための方法をしょうかいしているんだ。ごみ問題は、みんなにとっても身近なことばかり！　この本を読んで、君もごみゼロマスターをめざそう！

　2巻では、1章でキッチンのごみをへらすにはどうしたらいいか、考えるよ。キッチンは、家のなかでも、とくにごみがたくさん出るところなんだ。生ごみのへらし方や、ごみの分別方法についてもしょうかいするよ。かんやびん、ペットボトルなどをリサイクルできるようにするには、どんなことに気をつければいいかな？

　2章では、買いものをするときに気をつけることで、ごみをへらす方法を考えるよ。買ったものを使い終わった後、どのくらいのごみが出るのか、想像してみよう。買いものをするときにものを選ぶ目安となる、環境ラベルについてもしょうかいするよ。紙パックなどを再利用した、トイレットペーパーの工場も見てみよう。

　3章では、部屋のごみをへらす方法を考えるよ。部屋には洋服や本、おもちゃなど、いろいろなものがあるね。それらのものをむだにすることなく、長く使うための方法を、いくつかしょうかいするよ。読んでみて、自分ならどんな工夫ができるか考えてみよう。今日からすぐに取り組めることがたくさんあるよ！

それぞれの章の最後には、「ごみゼロクイズ」のページがあるよ。1章の「分別のしかた　ウソ？ ホント？」、2章の「ごみが少ないのは、どっち？」では、解説をしっかり読んで、理解を深めよう。3章では「クロスワードパズルにちょうせん！」で、おもにごみや環境にかかわる言葉をクイズにしているよ。全問正解をめざしてね！

1巻 では、ごみはどこから生まれるのか、わたしたちはごみをどれくらい出しているのかなどを解説しているよ。ごみの問題を、自分たちの身近な問題として考えるきっかけとなる巻だよ。みく、ゆうたといっしょに、エコまるから教えてもらおう！

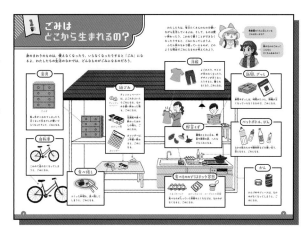

3巻 では、学校や町でできる取り組みをしょうかいしているよ。みんなが通っている学校ではどんなことができるのかな？また、町のなかの会社や店がしていることなど、社会でおこなわれている取り組みについても学ぶことができるよ！

さあ！ 君もこの本で気づいて、学んで、取り組んで、ごみゼロマスターになろう！

家のごみは何でできているの？

家庭から出る燃えるごみは、もともと何からつくられたものなのか、考えたことはあるかな。

ねえ、エコまる、ごみゼロアクションっていっても、家のごみを全部なくすのは、いくらなんでもむずかしいよね？

うん。では、家で多い燃えるごみは何だったかおぼえてるかな？

多いものから3つ答えて！

たしか、生ごみと紙類と……。それから、プラスチック類！

わすれた…

※横浜市の場合
（→1巻12ページ）

そのとおり！生ごみは、食べ残しや調理のときに出る食材の切れはしだよね？

じゃあ、そもそも食べものって何でできている？

野菜や肉、魚、米、くだものなどだね。

つまり、おもに植物や動物を食べていることになるよね。

そうか……。食べ残しをすると植物や動物のいのちをそまつにしているようなものなんだ。

あんまり考えたことなかったよ。

紙類とプラスチック類はどうかな？見てみよう！

紙のごみ

使った
ティッシュペーパー

トイレットペーパーの
しんや、ラップのしん

読み終わった
新聞紙やまんがざっし

おかしの箱、
ティッシュペーパーの箱

使い終わった
だんボール箱 など

紙はもともと……

木材や草などから
取り出した植物の
せんいからつくられる。

木材チップ

プラスチック類

ストロー

プリンの
カップ

ペットボトル

歯ブラシ

レジぶくろ

シャンプーの
容器

スティックのりの
容器

食品トレイ

など

プラスチック類はもともと……

石油からつくられる。

原油

紙もプラスチックも、
地球にあるかぎられた
資源からできているんだ！

燃えるごみじゃない
けど、ジュースのかんは
金ぞくでできているね。

びんをつくるガラスの
原料は石のこなだって
聞いたことがある。

よく知ってるね

そう考えると、
ごみをどんどんすてるのって、
資源のむだづかいって
ことなの？

さすが！
ぼくのいいたいことを
わかってくれたね。

でも、じっさいにどうやったら
ごみをへらせるのか
ぜんぜんわかんないな。

教えて！
エコまる！

じゃあ、まずは
家のなかで
いちばんごみが多く出る
キッチンから考えてみよう！

おーーっ!!

1章 キッチンのごみきへらそう！

キッチンで出るごみには、どんなものがあるかな。生ごみ以外にも、たくさんのごみが出ているよ。

キッチンでは、生ごみのほかに、どんなごみが出るかわかる？

空になった飲みものの入れものかな？かんとかびんとか？

ペットボトルもたくさんたまるよね。

どんなものがごみになるのかな？

プリンの容器

たまごのパック

ソーセージのふくろ

ジャムのびん

とうふのパック

肉や魚の食品トレイ

マヨネーズの容器

野菜の入っていたふくろ・ラップ

MILK 牛乳パック

いっぱいあるね。

見ていて何か気づくことはない？

わかった！ プラスチックが多い。

プラスチック製容器包装は多くの自治体で資源として回収されているんだ。かんやびん、ペットボトルも資源になるよ。

ごみじゃなく資源かあ。じゃあキッチンのごみって？

あ、このソーセージ賞味期限切れてる！

すてる？

ごみをへらす第一歩は、食べものをむだにしないこと！そのためにできることをやってみよう！

8

賞味期限と消費期限を調べよう

家にある食品の賞味期限や消費期限を調べてみよう。冷蔵庫にあるものだけでなく、戸だなにある保存食やおかしなど、家じゅうの食品について調べるよ。

かんづめやおかしは期限まで、まだ日にちがあるね。
魚やとうふは、期限が近いものが多いよ。

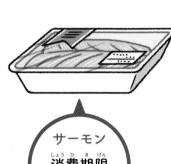

サーモン
消費期限
21.4.4

とうふ
賞味期限
21.4.5

おかし
（ポテトチップス）
賞味期限
2021.10.8

かんづめ
（サンマかん）
賞味期限
2022.2

〈調査票の例〉 賞味期限と消費期限の調査

賞味期限が書いてあるもの	
とうふ　　21.4.5	
ポテト チップス　　2021.10.8	
サンマかん　　2022.2	

消費期限が書いてあるもの	
サーモン　　21.4.4	
さくらもち　　21.4.2	

期限が近いものは早めに食べたほうがいいね。

賞味期限と消費期限のちがい

賞味期限　おいしさなどの品質がたもたれる期限。ふうを開けていない状態で、正しく保存されていれば、期限をすぎてもすぐに安全性に問題があるわけではない。つまり食べられないことはない。

消費期限　安全に食べられる期限。期限をすぎると、安全ではなくなる可能性がある。食べることはすすめられないため、期限内に食べるようにする。

賞味期限がすぎても食べられるので、むやみにすてることなく計画的に食べたいね。

冷蔵庫のなかを整理しよう

毎日使う冷蔵庫。どこに何が入っているか、すぐにわかるようになっているかな。
食品の期限切れをふせぐためにも、冷蔵庫のなかを見直してみよう。

ひさびさに登場！
ごみゼロスコープ！

だれ！？

冷蔵庫のなかを見てごらん。

期限切れの食品が赤く光ってる！

スコープを使わなくても期限切れが近いものがわかるように、冷蔵庫を整理してみよう！

エコまるだよ

なかみを全部出してみよう

おうちの人といっしょに冷蔵庫の整理をしてみよう。冷蔵庫のなかのものを全部出して、賞味期限・消費期限をかくにんし、安全性に問題のあるものは処分するよ。これからはごみをふやさないために、どれだけ食品をむだにしてしまったか、かくにんしよう。

期限の近いものは取り出しやすいところに入れるといいよ！

どこに何を入れると、期限切れをふせぐことができるかな。

おくにあるものはわすれやすいよね。

どこに何を入れる?

冷蔵庫に食品をつめ直すときには、食品ごとに場所を決めて入れるといいよ。すきまに入るものをどんどんつめるのではなく、ものを入れる場所をそれぞれ決めるんだ。買い足したときも同じルールで入れて、ルールは家族全員で共有しよう。

どこに何が入っているかわかっていると、使いわすれや買いわすれをふせげるよ。

〈取り出しやすい入れかたの例〉冷蔵庫内の温度のちがいによって、入れる場所を決める方法もあるよ。

上だん
急いで食べなくてよいもの。

中だん
毎日食べるもの、早めに食べるもの。

下だん
すぐに食べるもの。

チルド室

冷凍庫

びんづめ
つけもの
ビール
BEER BEER

プリン、ゼリー
ヨーグルト
とうふ

つくりおきのおかず
たまご

なっとう
開ふうしたチーズ
肉、魚

MILK
かつおだしつゆ

調味料など

牛乳など

みそ

CREAM
ハンバーグ

賞味期限が近いものを手前に立てて入れる。

冷凍食品　アイスクリーム

野菜室

大根
パプリカ

にんじん

えのきだけ

しめじ

紙ぶくろなどで仕分けして、形、種類ごとに入れる。

さやいんげん　きゅうり　キャベツ

11

生ごみはどうやってへらす？

家で出るごみのなかで、もっとも多く出る生ごみは、どうしたらへらすことができるのかな。食べ残しをなくす以外にできることを考えてみよう。

生ごみって

くさーい…

どうしてくさくなるの？

生ごみには水分が70〜80パーセントもふくまれているといわれているんだ。水分があると、ざっきんがふえて、においのもとになるんだよ。

だから重いよ

じゃあ、生ごみの水分をへらせばいいのかな？

そのとおり！

生ごみは水分が問題

生ごみはくさくて重いのがあたりまえと思っていないかな。生ごみのにおいと重さの原因は水分なんだ。水分をへらすことで、においも重さもおさえられ、ごみの量もへらすことができるよ。さらに、水分の多いごみは燃えにくいため、清掃工場で燃やすときによぶんなエネルギーがかかるよ。これをふせぐためにも、生ごみの水分をへらすことが必要なんだ。

〈生ごみの水分が多いと……〉

重くなる

かさがふえる

ざっきんがふえてくさいにおいが発生する

カラスにもねらわれる！？

清掃工場で燃えにくい

水分がもれてくさいにおいを放つこともある

生ごみの水分が多いと、よくないことばかり。水分をへらすことでごみの量もへらせるんだよ！

じゃあ、水分をへらすには、どんな方法があるの？

教えて！エコまる

生ごみの水分をへらす方法

生ごみは、ごみぶくろに入れる前に、水分をへらすことを心がけよう。かんたんにできる方法は、生ごみを水にぬらさないことと、生ごみの水分を飛ばしてかんそうさせることだよ。

水にぬれないように、シンクの外において野菜くず入れに！

方法1　古新聞のふくろに入れる

野菜の切れはしや皮は、三角コーナーではなく、古新聞のふくろに入れるとぬれにくいよ。

1 新聞紙を1まい用意し、折り目を下にしておく。

2 まんなかの線にむかってふたつの角を三角に折る。

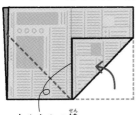

まんなかの線

3 上下をぎゃくにして手前部分を1まいだけ半分に折る。

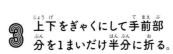

4 さらにもう1回折る。

5 うら返す。

6 まんなかの線にむかって両側を折る。

まんなかの線

7 アで折り曲げてからイで折り、ウのなかに入れこむ。

ウ　アイ

8 完成。

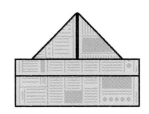

口　口を開いて、底をおしつぶして使う。

方法2　ベランダでかんそうさせる

野菜くずをふたつきのざるに入れて、ベランダなどの風通しのよいところにひとばんおいておこう。野菜の皮のようにうすいものなら、からからにかわいて、軽くなるよ。

生ごみをへらす機器

生ごみ処理機という機器を使うと、生ごみを大はばにへらすことができるよ。生ごみ処理機にはかんそう式とび生物の力を借りるバイオ式があって、自治体によっては貸し出しやこう入するときの補助制度があるよ。調べてみよう。

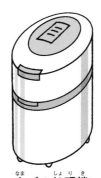

生ごみ処理機

野菜のしん、皮など

↓

ごみの量がへる！

キッチンの資源ごみを分別しよう❶ （ペットボトル・かん・びん）

資源としてリサイクルできるものは、分別して出せば資源ごみ、または資源物などとよばれるよ。どんなふうに分別すればよいのかな。

ところでエコまる、空きかんや空きびんが資源になるっていっていたよね？

そう！きちんと分別して回収されれば、リサイクルできるんだよ！

分けてすてるんだよね。かんたん！

出しかたにもルールがあるんだよ。

マークをチェックしよう

飲料用PETボトル
PETボトル識別表示マーク

プラスチック製容器包装
プラマーク

飲料かん
アルミニウム
アルミかんマーク

飲料かん
スチール（鉄）
スチールかんマーク

マークがついている商品は、リサイクルできるよ。かくにんしてみよう。

〈識別表示の例〉

PET
ボトル

キャップ
ラベル
容器は投げ捨てずにリサイクル

あ、見たことある！

ペットボトルにはマークがふたつあるよ。ボトルはペットボトルで、キャップとラベルはプラスチック製容器包装になるんだね。

そうだね。ボトルはキャップとラベルと分けて回収されるんだよ。

資源ごみの出しかた

空になった容器をよごれたまますててしまうと、リサイクルすることができないよ。きれいにあらってかわかしてから出そう。

飲み終わったジュースなどの空き容器はすぐにあらっておくといいね！

かん

水でゆすいでかわかす。

かんの回収へ

（アルミとスチールを分ける必要はない。）

びん

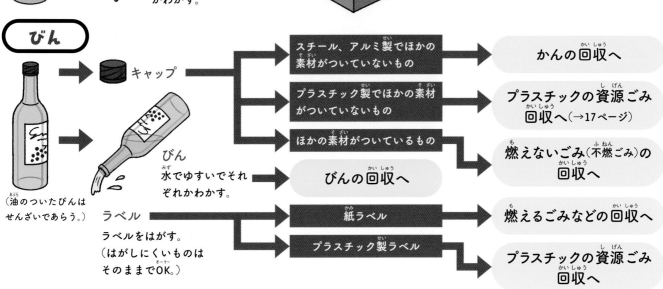

（油のついたびんはせんざいであらう。）

キャップ
→ スチール、アルミ製でほかの素材がついていないもの → かんの回収へ
→ プラスチック製でほかの素材がついていないもの → プラスチックの資源ごみ回収へ（→17ページ）
→ ほかの素材がついているもの → 燃えないごみ（不燃ごみ）の回収へ

びん
水でゆすいでそれぞれかわかす。
→ びんの回収へ

ラベル
ラベルをはがす。
（はがしにくいものはそのままでOK。）
→ 紙ラベル → 燃えるごみなどの回収へ
→ プラスチック製ラベル → プラスチックの資源ごみ回収へ

ペットボトル

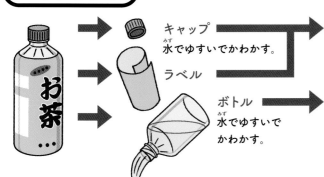

キャップ
水でゆすいでかわかす。
ラベル
→ プラスチックの資源ごみ回収へ

ボトル
水でゆすいでかわかす。
→ ペットボトルの回収へ

ラベルははがしやすく工夫されているよね。

※自治体によって回収の分類がことなります。

小さな金ぞく類もリサイクル

自治体によっては、なべやフライパンなどの小さな金ぞく類（小物金ぞく）を資源ごみとして回収しているところがあるよ。リサイクルされて、金ぞく製のべつの製品に生まれかわるんだ。

〈小物金ぞくの例〉

フライパン
三角コーナー
ミルクパン
かさのほね

15

キッチンの資源ごみを分別しよう❷ （紙類・プラスチック類）

紙類やプラスチック類も、きちんと分別して回収されれば、リサイクルできるよ。ここでは、紙とプラスチックの分別を見てみよう。

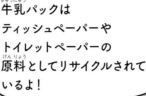

プラスチック製容器包装はリサイクルされているけど、牛乳パックはどうなの？

牛乳パックはティッシュペーパーやトイレットペーパーの原料としてリサイクルされているよ！

だんボールや新聞紙も紙だけど、いっしょに回収できないのかな？

そうだね。

紙類はちゃんと分けて回収されないとリサイクルできないんだ。注意しよう。

マークをチェックしよう

飲料用紙パック
（アルミニウム使用はのぞく）
紙パックマーク

紙製容器包装
紙マーク

だんボール製容器包装
だんボールマーク

プラスチック製容器包装
プラマーク

紙類のマークだけでも３種類あるんだよ。分別すればリサイクルできるので、かくにんしてみよう。

〈識別表示の例〉

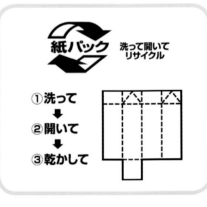

紙パック　洗って開いてリサイクル

①洗って
↓
②開いて
↓
③乾かして

なるほど！あらって開いてかわかせばいいんだね！

ここまで書いてあると、リサイクルできることがわかりやすいね！

牛乳パックの紙はとても上質なので、ごみにしてしまうのはもったいないんだ。

資源ごみの出しかた

　牛乳パックをあらって開くのは、かんたんにできるよ。古紙として回収されるか、きょ点回収といって、自治体の施設やスーパーなどで回収されているんだ。地域のきょ点を調べてみよう。

スーパーの入り口近くで牛乳パックや食品トレイの回収をおこなっていることがあるから、持って行ってもいいね。

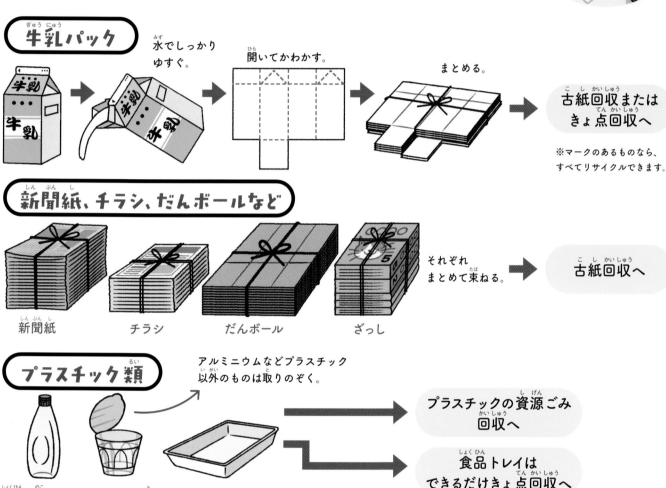

牛乳パック

水でしっかりゆすぐ。

開いてかわかす。

まとめる。

古紙回収またはきょ点回収へ

※マークのあるものなら、すべてリサイクルできます。

新聞紙、チラシ、だんボールなど

新聞紙　　チラシ　　だんボール　　ざっし

それぞれまとめて束ねる。

古紙回収へ

プラスチック類

アルミニウムなどプラスチック以外のものは取りのぞく。

食品の残りはあらうか、ふき取るかしてきれいにする。

プラスチックの資源ごみ回収へ

食品トレイはできるだけきょ点回収へ

おかしの箱となかの包装も分別しよう

　クッキーやスナックがしなど、おかしの包装には、紙やプラスチックが使われているよ。紙の箱となかの包装や個包装のプラスチックをきちんと分別しよう。紙の箱は、たたんで燃えるごみか雑紙回収、プラスチックは資源ごみ回収に出すよ。

〈おかしの包装〉

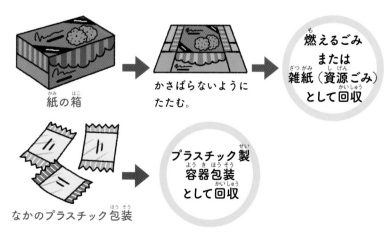

紙の箱

かさばらないようにたたむ。

燃えるごみまたは雑紙（資源ごみ）として回収

なかのプラスチック包装

プラスチック製容器包装として回収

分別のしかた　ウソ？ ホント？

1章ではキッチンのごみをへらして、リサイクルできる回収について考えたね。
分別するときに、まよいそうなものをクイズにしたよ！ チャレンジしてみてね。

Q1 プリンの容器は、ふたと分別のしかたがちがうことがある。
ウソ？ ホント？

Q2 びんのラベルは、必ずはがして出さないといけない。
ウソ？ ホント？

はがしやすいラベルとはがしにくいラベルがあるね。

Q3 くだものを守るネットは、プラマークがないから燃えるごみ。
ウソ？　ホント？

ももやりんごなどを守っているよ。

Q4 プラスチックでできているストローは、プラスチックの資源ごみとして分別する。
ウソ？　ホント？

ストローの入っているふくろには、プラマークがついていることがあるね。

Q5 カセットボンベは、かんでも燃えないごみでも、どっちでも回収される。
ウソ？　ホント？

カセットコンロで使うね！

GAS

Q6 食品に入っているかんそうざいは資源ごみになる。
ウソ？　ホント？

おかしやのりのふくろに入っているよ。

石灰乾燥剤

ちょっとむずかしかったかな？
地域によって分別の
しかたがちがうから、
自分の住んでいる地域の
分別のしかたをおぼえよう。

答えと解説

Q1 ·······➤ ホント

プリンの容器はプラスチックが多いけれど、ふたはアルミ製のことがあるよ。その場合は、容器はプラスチックの資源ごみ、ふたは燃えないごみか燃えるごみとして回収に出すよ（地域による）。

〈容器〉　〈ふた〉

プラスチック製など　　アルミ製など

Q2 ·······➤ ウソ

はがしやすいラベルならはがして、紙なら燃えるごみ、プラスチックならプラスチックの資源ごみとして分別しよう。はがしにくい場合は、無理してはがさなくてもいいよ。

Q3 ·······➤ ウソ

くだもののネットは、プラスチックでできているものなら、プラスチックの資源ごみとして分別するよ。紙からつくられたものは、燃えるごみとして回収してもらうよ。

Q4 ·······➤ ウソ

ストローはプラスチックでできているけれど、リサイクルの対象になっているプラスチック製容器包装ではないんだ。だから燃えるごみか燃えないごみとして回収されるよ（地域による）。プラスチックのスプーンやフォーク、歯ブラシにも、同じことがいえるよ。

Q5 ·······➤ ウソ

カセットボンベは、資源ごみとして分別する地域と燃えないごみとして分別する地域などがあって、自治体によってちがうんだ。どちらでもよいということはないよ。ガスが入っていると、ごみ収集車（清掃車）の火災の原因になるから、ガスをしっかりぬいてから出そう。ほかのスプレーかんも同じだよ。

Q6 ·······➤ ウソ

かんそうざいには、シリカゲルや石灰かんそうざい、だつ酸素ざいなどがあって、どれも燃えるごみとして分別できるよ。けれども石灰は、水にぬれると発熱する性質があるので、かわいたごみといっしょにすてよう。ふくろがプラスチックの場合は、燃えないごみとして回収する自治体もあるので注意しよう。

2章

買いものでごみをへらそう！

すぐにごみになるものを買っていないかな。ふだんの買いものを見直してみよう。考えて買うことで、ごみをへらすことができるよ。

ごみをへらすための買いもの5か条

ものを買うまえに、それを家で使うことで、どんなごみが出るかを想像してみよう。そして、どうしたらごみをへらせるか、むだにしないかを考えたうえで、買うようにすること。つぎの「ごみをへらすための買いもの5か条」をおぼえておくといいよ。

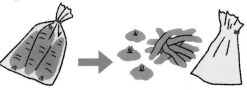

へたと皮の部分がごみになる。

へたと皮のほかに、ふくろがごみになる。

使い切れなかったら、もっとごみがふえる。

わすれないでよ！

くわしくはつぎのページから説明するね！

ごみをへらすための買いもの5か条

一.本当に必要なものかよく考える。

一.ごみになるものは買わない。

一.環境を考えた商品を選ぶ。

一.エコバッグを使う。

一.必要以上の包装はことわる。

エコバッグかー

環境を考えた商品って？

地産地消って、知っている？

　スーパーで売っている食べものがどこからとどけられているか、気にしたことはあるかな。日本には、野菜や肉・魚など、たくさんの食料が世界中から運ばれてきているんだ。多くの食料を船や飛行機で運べば、それらを動かす燃料もたくさん必要になるよね。すると、地球温暖化の原因といわれている二酸化炭素をたくさんはい出することになってしまう。食料を運ぶきょりは、短いほうがはい出される二酸化炭素の量はおさえられるよね。そこで、地元でつくられたものを地元で食べる「地産地消」などの取り組みが進められているよ。

世界中からたくさんの食料が輸入されている！

どんなものを買えばいい？

ここでは、「ごみをへらすための買いもの5か条」のうち、本当に必要なものかをよく考えること、ごみになるものは買わないということについて考えてみよう。

すごい！
このじょうぎセット
かっこいい！
買おうかな。

ちょっと待った！
それ、どうしても
ほしいもの？
必要なもの？

そういわれれば……。
ものさしも三角じょうぎも
持っているし、
いくつもいらないな。

そうでしょ？
ほしい！ って思っても
すぐに買わないで、
いったん考えてみてね！

本当に必要なものか考える

買ったものをむだにしないために、じっくりと考えたいのが、本当に必要かどうかということ。友だちが持っているからとか、いま使っているものが古くなってしまったからというのは、本当に必要な理由なのかな。買ったあとにずっと大切にできるか、長く使えるかなども考えてみよう。

考えるヒント

●いま使っているものは、もう使えない？

●代わりになるものや、にた使いかたのものを持っていない？

●どんなふうに使いたい？

●新しいからほしいの？
古くなったらどうするの？

すごくかっこいいシャープペンシルを見つけたんだ。ちょっと高かったけど、どうしてもほしくなって。

だから、いま使っているえんぴつを最後まで使ったら、買おうと思っているよ。

友だちが新しい筆箱を買ってもらってたから、わたしもほしくなっちゃったんだ。

キレイ！
かわいい！

でも、いま使っている筆箱はまだ使える。大切に長く使うほうがいいよね。

ごみになるものは買わない

買ってもすぐにごみになるものって、どんなものかな。わかりやすいのは、使いすての商品だね。いちどだけ使ってすてるのはもったいない。ふだん使うものは、くり返し使えるものがいいね。使いすてのスプーンやわりばしは、「もらわない」ようにすることもできるね。

かんやペットボトルに入った飲みものは、飲んだら容器はごみになるよ。買わないですむ方法はあるかな。

アイスクリームなどのスプーン

家で食べるときは必要ないのでことわろう！

わりばし

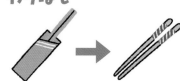

マイはしを持ち歩いて使おう！

ペットボトル

1日1本なら1週間で7本！
マイボトルを持ち歩けば、ペットボトルのごみはゼロに！！

つめかえ商品って知ってる？

シャンプーやせんざいのボトルは、プラスチック容器がほとんどだね。じょうぶだから、すぐにすてずに、つめかえ商品を使おう。小さくなるからごみをへらせるよ。

ずいぶん小さくなるね。

ボトルの容器はそのまますてると、かさばる。

つめかえ商品なら小さくまるめてプラスチックの資源ごみに出せる。

つめかえ商品はたくさんあるよ。さがしてみよう。

個包装はごみが多くなる！

チョコレートやクッキーなどのおかしは、個包装になっているものがあるね。人に配ったり、少しずつ食べるときには便利だけど、ごみがたくさん出るから目的によって使い分けたいね。いちどに食べ切るときなどは、個包装でないほうがいいよ。

クッキーのごみの量くらべ

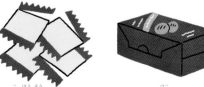

個包装のふくろ　　箱　　トレイ

まとめ包装のふくろ

出るごみの量に注目してみよう！

環境ラベルを知ろう！

身のまわりにある食品や日用品のパッケージには、どんなラベルがついているかな。リサイクルやエコロジーに関係のある環境ラベルをさがしてみよう。

このマーク、最近よく見るけど、何だろう？

エコマークという環境ラベルだね。

環境ラベル？

どういう意味なの？

環境に負担の少ない商品についているよ。どんなものについているか、さがしてみよう！

マークをさがしてみよう！

家にある食品のパッケージや文ぼう具、日用品などには、どんなマークがついているかな。マークのあるものをさがしてみよう。

文ぼう具

消しゴム、えんぴつ

ぬのテープのしん

グリーンマーク

PETボトル再利用品

R65 古紙パルプ配合率65％再生紙を使用

ノート

下じき

セロハンテープ

バイオマスマーク

食品

FSC

塩ざけ

海のエコラベル 持続可能な漁業で獲られた水産物 MSC認証 www.msc.org/jp

チョコレートがし

フルーツジュース

エコレールマーク

日用品

ラップ、歯みがきチューブ、アルコールじょきんスプレー

せんざい

洗剤

ティッシュペーパー

除菌

エコレールマーク

FSC

環境ラベルには
どんなものがあるの？

ほかにもたくさんあるから調べてみよう！

エコマークなどの環境ラベルは、地球環境を守るために、つくるとき、運ぶときなどに、さまざまな工夫をしている商品につけられているよ。環境を考えた商品を選ぶときの助けになるね。たくさんの種類があるので、おもなものをしょうかいするよ。

おもな環境ラベル

エコマーク
つくるところからすてるところまで、全体をとおして環境のことを考えられた製品やサービスにつけられる。

グリーンマーク
原料に、決められた割合以上の古紙を使っていることをしめしている。紙のリサイクルをすすめることを目的としている。

エコレールマーク
環境にやさしい貨物鉄道によって運ばれた商品や、環境問題に積極的に取り組んでいる会社を知ってもらうためのマーク。

再生紙使用マーク
数字は古紙パルプの配合率（まざっている割合）をしめしている。100の場合は100パーセント再生紙を使っている。

牛乳パック再利用マーク
使用ずみの牛乳パックを原料として使用した商品につけられる。

見たことあるマークもあるね。

FSC®マーク
適切な管理がおこなわれていることをみとめられた森林からの木材、木材製品であることを証明するマーク。

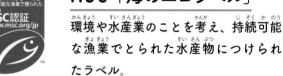

MSC「海のエコラベル」
環境や水産業のことを考え、持続可能な漁業でとられた水産物につけられたラベル。

バイオマスマーク
生物由来の資源（バイオマス）を使ってつくられた商品に、つけられる。商品にふくまれているバイオマス成分の割合を数字でしめす。

PETボトルリサイクル推奨マーク
使用ずみのペットボトルのリサイクル品を使用した商品につけられる。

商品を選ぶときに気をつけて見てみよう。

ごみゼロ マガジン

再生紙を使った トイレットペーパーが できるまで

トイレットペーパーにも、環境にやさしい選びかたがあるよ。

トイレットペーパーはトイレに流すから、もともとごみゼロだよね？

そう、形が残らないから、リサイクルもできないってこと。1回きりしか使えないんだ。

もったいないね！

だから、牛乳パックや空き箱などをリサイクルした再生紙のものを選びたいよね。

ぞういうことか～

紙の原料となるパルプは、木材からつくられているよね。いま、森林は急速にへっていて、このままでは森林資源である木材もなくなってしまうんだ。森林を守るためにも、牛乳パックや空き箱などは、できるだけリサイクルできるように分別しよう。スーパーなどで回収しているところもあるよ。買いものをするときには、再生紙でつくられた商品を選ぶことが大切だよ。

立木を1本育てるのに、20年以上もかかるよ。

へえ～

トイレットペーパーの原材料

古紙

50キログラム

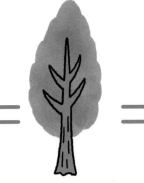

立木 1本

（直径14センチメートル 高さ8メートル）

トイレットペーパー

250個

5人家族の 1年ぶんくらい

トイレットペーパーができるまで

再生紙をリサイクルしてつくることで、パルプ材からトイレットペーパーをつくるよりも、電力や重油のエネルギー消費を3分の1から5分の1におさえることができるよ。

1 牛乳パックや使用ずみきっぷ、使用後のコピー用紙などが集められる。

2 蒸気などをあてて紙をとかす。

3 金ぞくやプラスチックなどの異物を取りのぞく。

4 紙についていたインクを取りのぞき、白くする。再生パルプに仕上げる。

2.5メートル

5 再生パルプをすいてドライヤーでかわかし、ジャンボロールとしてまき取る。

6 切りやすくするミシン加工などをしながら、決められた長さにまき直す。カットして包装する。

完成！

環境を考えた商品を選ぶことで、ごみゼロに1歩近づくよ。

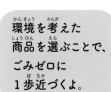

エコバッグを使おう！

2020年7月から、スーパーやコンビニエンスストアなどで買ったものを入れるレジぶくろが有料になったね。どうして有料になったのか考えてみよう。

さっきコンビニで
ジュースとおかしを
買ったんだけど、
レジぶくろが5円もした〜。

たしかに5円は高いよね。
もう少し安くても
いいんじゃない？

そういうことじゃないんだ。
レジぶくろを
へらしたいから、
有料になったんだよ！

レジぶくろって、
便利なのにどうして？

レジぶくろはプラスチックでできている

　スーパーなどでもらっていたレジぶくろは、ほとんどが使いすてで、すぐにごみになってしまうものだね。1巻でプラスチックごみの記事（→1巻20ページ）があったけれど、レジぶくろもプラスチック。プラスチックごみとなって、大量のレジぶくろが海にうかんでいるんだ。レジぶくろをことわって、エコバッグを使うことで、レジぶくろのごみをへらそうとしているよ。

レジぶくろ有料化の目的

1 プラスチックごみをへらす。

2 原料である石油資源の使いすぎをふせぐ。

3 レジぶくろをつくるときと、燃やすときに出る二酸化炭素の発生をおさえる。

海で分解されるふくろや、バイオマス素材のふくろなど、有料化対象外のふくろもあるけれど、エコバッグを持つのが、いちばん環境のためになるよ。

くり返し使える
厚手のふくろ

海で分解される
ふくろ

バイオマス素材の
ふくろ

プラスチックごみ問題や地球温暖化対策に役立つレジぶくろは有料化の対象外となっているよ。

使いやすいエコバッグを選ぼう

エコバッグは何度も使えるじょうぶなものを選ぶ必要があるね。すぐにやぶれてごみになってしまうものだと、レジぶくろとほとんど変わらないからだ。よく買うものや量に合う大きさで、たたんでいつも持ち歩けるものがいいね。エコバッグ選びのポイントを見てみよう。

いつも買う量にぴったりだ！

かたにかけられて、もようがかわいいものを見つけたよ！

エコバッグ選びのポイント

1 軽くてじょうぶ

軽い！

ぬい目がしっかり！

生地がじょうぶ！

2 ちょうどよい大きさ

小さすぎず大きすぎず！

3 折りたたみやすい

すぐに小さく折りたためる！

4 せんたく機であらえる

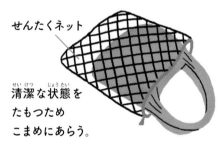

せんたくネット

清潔な状態をたもつためこまめにあらう。

5 デザインや色が好き

お気に入りを見つけよう。

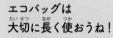

エコバッグは大切に長く使おうね！

必要以上の包装はことわろう

レジぶくろ以外でも、家に帰ったらすぐにごみになりそうなものは、できるだけ持ち帰らないようにしよう。たとえば安全に持ち帰れる場合は、ガラスびんにうすいスポンジのような包装をまいてもらう必要はないよね。店員さんに聞かれたら、必要のない包装はことわるようにしたいね。

びんはわれないようにつつみますか？

けっこうです。

ごみゼロクイズ

ごみが少ないのは、どっち?

2章では、ごみをへらす買いもののしかたについて考えたね。買いものをするときどちらを選べばいいか、クイズにちょうせんしてみよう。

Q1 トマトをひとつ買うなら、どっち?

A

ラップしてあるもの

B

ばらでそのまま

Q2 ヨーグルトを買うなら、どっち?

A

プラスチック
容器入りのもの

B

プラスチックカップ
3個入りのもの

Q3 せんべいを1ふくろ買うなら、どっち?

A

そのまま入って
いるもの

B
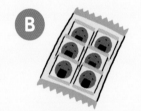
個包装のもの

Q4 ジュースを買うなら、どっち?

A

かんジュース4本
(250ミリリットル×4本)

B

紙パック入りジュース
(1000ミリリットル)

Q5 ソーセージを買うなら、どっち?

A

2ふくろを1パック
にまとめたもの

B

1ふくろのもの

Q6 コーヒー・紅茶用のさとうを買うなら、どっち?

A

角ざとう

B

スティックシュガー

答えと解説

Q1 ·······▶ B

トマトはへたがごみになるね。そのほかに
Aはトレイとラップが、すぐにプラスチック
の資源ごみになってしまう。

ここでは、出るごみの量の
ちがいでくらべているけれど、
じっさいの買いものでは、
好みや値段もふくめて、
よく考えてみてね。

Q2 ·······▶ A

どちらのヨーグルトもプラスチックの量
はあまり変わらないけれど、Bは紙トレイの
ごみも出てしまう。ふたがアルミ製の場合も
あるので、気をつけよう。

Q3 ·····▶ A

23ページでもしょうかいしたように、個
包装のものは、ごみがたくさん出るよ。ただ
し、Aの場合は、残ったらしけてしまわない
ように、口をきちんとゴムでしばるなどして
おく必要があるよ。しけて食べられなくなっ
たら、もったいないよね。

Q4 ·····▶ B

どちらもきちんとリサイクルすればよいけ
れど、かんのごみはかさばってしまうので、
できれば紙パックで買ったほうがいいね。紙
パックは、内側にアルミなどがはってあると、
リサイクルできないから気をつけて。

Q5 ·····▶ B

Aは2個あってお得な感じがするけれど、
量が変わらなければBのほうがごみは少な
くてすむね。

Q6 ·····▶ A

Bは紙のふくろにも入っているから、少し
ずつだけど、ごみが出てしまうね。角ざとう
もいいけれど、コーヒー・紅茶用のさとうと
しては、グラニュー糖をふくろで買ってきて
必要なぶんだけ使うほうがいいよ。

包装が少ない
ものを選ぶんだね。

そうだね。

コーヒーや紅茶
だけでなく、
おかしづくりにも
使える！

3章 部屋から出るごみきへらそう！

自分の部屋やよく使うリビングなどに、ずっと使っていないものはないかな。
自分にとって必要なものと必要でないものを整理してみよう。

部屋にあるものを整理しよう

洋服は、着なくなったものや、小さくて着られないものはない？

文ぼう具をよぶんに買いすぎてないかな？

使わないものやこわれたおもちゃはない？

いらないプリントをためてない？

たなの上も整理しよう。

ごみはすぐにごみ箱へ。

本だなにならべて整理しよう。

ゆかにはものを置かないようにしたいね。

今日はちょっとちらかっているんだよね。

えー？いつもこんな感じだよ。

33

修理して長く使おう！

気に入って使っているものでも、こわれてしまうことがあるね。使えなくなったからと、すぐにすてるのではなく、修理して使うことも考えてみよう。

このけん玉、こわれているね。

そうなんだ。おじいちゃんにもらったんだけど……。

こわれたものにもよるけど、自分で修理してみるといいよ！

えっ、修理なんてできるの？

よかったね！

修理できるものはする

本やおもちゃ、文ぼう具など、こわれても修理すれば使えるものがあるよ。修理のしかたはインターネットでけんさくできるものがあるから、自分でできそうならちょうせんしてみよう。おもちゃなど、ものによっては、メーカー（製造会社）に問い合わせれば、こしょうの原因や修理方法を教えてもらえるかもしれないよ。

ページがはずれた
絵本

動かなくなった
ミニカー

しんが出てこない
シャープペンシル

修理して使えばよぶんに買わなくてすむよ。

絵本も直せるかな。

自分で直せたらもっと大切にできそう！

自分で修理できそうか、おうちの人にも相談してみよう。

プロに修理してもらう

こしょうの原因がわからないものや、自分では修理できないけれど修理すれば使えるものなら、おもちゃ病院に持って行くといいよ。商品の保証書があって、保証期間内であれば、メーカーで修理してもらえるかもしれないよ。

動かなくなった
コントローラーや
ハイテクのおもちゃなど。

保証書や説明書は
大切に保管
しておこう。

電池で動くおもちゃが動かなくなったら

電池で動くおもちゃのこしょうの原因は、ほとんどが電池なんだって。電池をかくにんすれば、直ることがあるよ。

なるほど！

自分でかくにんできるんだね！

電池の
プラス（＋）、
マイナス（－）の
向きは正しい。

→ **NO** 向きを直せば動くかも！

YES → 電池は電極にくっついている。

→ **NO** 電池が電極にくっつくようにすると動くかも！

YES → 新しい電池に交かんすれば動くかも！ →

動かないとき

おうちの人に、電池ボックスを見てもらう。
● 電極がさびついていたらやすりなどでさびを取る。
● ぬれていたら、かわいたぬのでふき取る。

注意 電池の液が手についたら、すぐにあらい流すこと。

電極

これでも動かないときは、こわれたおもちゃを修理してくれる、おもちゃ病院でみてもらおう。

日本おもちゃ病院協会
https://www.toyhospital.org/
おもちゃの修理を基本的に無料でおこなうボランティア団体。

修理できなければリサイクル

電気や電池で動くものには、貴重な金ぞくが使われているものが多いよ。小型家電として回収されれば、貴重な金ぞくをリサイクルできるんだ。小型家電として分別されるかどうか調べてみよう。

〈小型家電の例〉

デジタル
オーディオ
プレイヤー

ゲーム機など

ものを
大切に長く使おう！

気に入って買った文ぼう具やおもちゃ、洋服などは、できるだけ長く使いたいよね。そのためには、使いかたにも工夫が必要だよ。

> ひき出しのなかから
> なくなったと思っていた
> じょうぎがたくさん
> 出てきたよ。

> だから整理整とんが
> 大切なんだよ。必要な
> ものがどこにあるか
> わかっていれば、よぶんに
> 買うことはなくなるよね。

> ひき出しのなかを
> きれいにすることは
> ものを大切にする
> ことにつながるんだね！

> ものを大切にして
> ごみをへらそう！

ものを大切にするって？

文ぼう具やおもちゃ、洋服などは、使わなければ、その役目をはたせないものだね。ものを大切にするというのは、大切に使うことなんだ。大切に使えば長く使うこともできるから、ごみをへらすことにつながるんだよ。

使わないで、しまっているだけだと、そのものをむだにしているのと同じことだよ。

お気に入りの
ワンピース

ぜんぜん着なかったら、
もったいない。

ときどきでも着ることで、
ワンピースは役目をはたせる。

> たしかに。洋服を
> 着ないでしまって
> いるうちに、
> サイズが合わな
> くなって
> 着られなくなる
> かもしれないし。

> でも、使うから
> こわれたりよごれたり
> するんじゃないの？

> だから、ものを
> 大切に使うこと、
> 大切にあつかう
> ことが重要なんだ。

大切に使うコツ①

えんぴつ

　毎日使うえんぴつは、短くなったら持ちにくいね。そんなときは、キャップやえんぴつホルダー（補助じく）をつけよう。えんぴつホルダーを使えば、2 センチメートル以下になるまで、えんぴつを使うことができるよ。

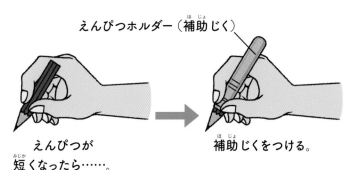

えんぴつホルダー（補助じく）

えんぴつが短くなったら……。

補助じくをつける。

ここまで使ってもらえたらえんぴつもよろこぶよ。

大切に使うコツ②

プラスチックのおもちゃ

　よく使うおもちゃは、手でさわる部分がよごれているよ。電気や電池を使わないおもちゃなら、水であらってもいいね。あらえないものは水でぬらしてかたくしぼったぬのでよくふいて、よごれを落とそう。きちんと手入れをすることで長く使うことができるよ。

コントローラーやリモコンは、よく手でさわるからよごれやすい。

よごれたままにしないで、きれいにして使うんだね。

大切に使うコツ③

洋服

　洋服は、よごれたら早めにせんたくしよう。あらいすぎは、生地をいためることもあるから気をつけてね。せんたくしてかわいたら、きちんとたたむことも大切だよ。自分の洋服は、自分でたたんでみよう。

Tシャツのたたみ方

1 うしろを上にして、形を整えておく。

2 点線のところを折る。

3 そでをわきのぬい目から外側に折る。

4 反対側もたたむ。

5 半分に折る。

6 表に返して、完成。

ものはていねいにあつかおう

　ものを大切にする気持ちは、ものをあつかうときにもあらわれるものなんだ。ものを動かすとき、人にわたすときなど、気をつけてみよう。

ものを投げない

ものをどこかにおくときなどに、投げたりしてないかな。

ものを足で動かさない

ものを動かすときには、足ではなく手を使おう。できれば両手を使うのがいいよ。

必要な人にゆずろう!

おもちゃや洋服など、まだ使える状態なのに、もう自分では使わなくなったものはどうしたらいいかな。ごみにしない方法を考えよう。

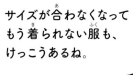
サイズが合わなくなってもう着られない服も、けっこうあるね。
まだきれいなのに…

そういうときはリユースできるようにしよう。

でも、だれに使ってもらったらいいかな。弟もいないし。

いとことか友だち?うーん。

だいじょうぶ!必要な人にゆずる方法はいろいろあるよ。

古着、古ぎれの回収に出す

地域によっては、古着や古ぎれを回収している自治体があるよ。
回収された古着で着られるものは、中古衣料として再使用されるんだ。着られないものや古ぎれは、ウエスという工業用のぞうきんなどに加工されて使われるよ。

〈回収できるものの例〉 自治体によってことなる。

シャツ
ズボン
コート
毛布
タオル
カーテン

だれかが使うものだから、
❶ あらってきれいにして出す。
❷ ボタンやファスナーはつけたまま出す。
❸ ぬれたりよごれたりしないよう、ふくろに入れて出す。
など、決められたルールを守って回収に出そう。

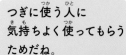
つぎに使う人に気持ちよく使ってもらうためだね。

フリーマーケットや バザーに出す

おうちの人と話し合って、住んでいる地域で開かれるフリーマーケットや、学校でおこなわれるバザーに出品してもいい。洋服以外のものも出品できるよ。おうちの人がインターネットのフリマサイトを利用していたら、それに出品してもらうのもいいね。

タオルや食料品は新品のものしかあつかわれないこともある。

フリマサイトは子どもだけで利用しないこと!

古着屋やリサイクルショップ などに売る

近くに古着屋やリサイクルショップ、古本屋などがあれば、そこで引き取ってもらえるかもしれないよ。売りに行くときには、必ずおうちの人といっしょに行こう。

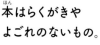

本はらくがきやよごれのないもの。

本にらくがきしたらだめだね!

ひ災地に寄付する

自然災害の多い日本では、毎年どこかの地域で大きな災害が起こっているね。ひ災地でこまっている人のために、家で使わないものを送るのもいいね。けれど、いらないものを送るのではなく、相手が必要なものを送ることが大切だよ。ひ災地で必要とされているものをよく調べて、考えてから送ろう。

いらないものを送られてもこまるね。ものだって、むだになってしまう。

ものは必要としている人に使われることで、役目をはたせるんだ。

店頭で回収サービス

ファッション業界でも、資源や環境のことを考えた取り組みがおこなわれているよ。たくさんの衣料品を製造・はん売している会社では、リサイクルやリユースを目的として、店頭などで古着の回収をしているんだ。

〈回収している会社の例〉

ユニクロ・ジーユー

https://www.uniqlo.com/re-uniqlo/
ユニクロとジーユーの製品を店内の回収ボックスで回収している。

無印良品

https://ryohin-keikaku.jp/csr/bring.html
無印良品のせんい製品を回収している。

レンタルを利用しよう!

ひとりではあまり使わないものを、数人で使えば、ものは何倍にも役目をはたせるよ。レンタルやシェアという方法があることを知っておこう。

ひとつのものを何人かで使う

　ものを買わずに使いたいときには、レンタルやシェアという方法があるよ。どちらも、ひとつのものを何人かで使うしくみなんだ。こうすることで、ものを有効に使えるよ。

　とくにシェアは、環境を考えた取り組みとして始まったよ。どんなものがあるか調べてみよう。

着る人がひとりだと、使う機会が少ない。

着る人が何人かいると、使う機会は多い。

買って「所有」するよりも、みんなで「共有」するほうが、ものをより役立てることができるよ。

みんなでものを大切に使うんだね。

ものをふやさないことになるから、利用してみたい!

あまり使わないものはレンタル

年にいちどだけ使うような使う回数の少ないものは、買うよりもレンタルするほうが、ものをむだにしないよね。記念に買っておきたいということでなければ、借りることをおすすめするよ。使ったあとの保管も心配しなくていいね。

本は図書館で借りるよね。

CDやDVDもレンタルできるね。

そう考えるとレンタルって身近かも。

〈レンタルできるものの例〉

※レジャー施設でレンタルしているものも多い。

スキー板

スノーボード

スケートぐつ

ドレスなどの洋服・和服（はかま）

スノーウェア

スキーブーツ

つりざお一式

シェアという方法もある

あるものを数人で共有することをシェアというよ。たとえば、自転車はレンタルもあるけど、シェアサイクルという形で、都市部や観光地を中心に、自転車に乗れるようになっているよ。必要なときにだけ使えるしくみのひとつとして注目されているんだ。

〈シェアできるものの例〉

自転車

かさ

〈レンタサイクルとシェアサイクル〉

	レンタサイクル	シェアサイクル
料金	数時間～半日で1000～2000円ほど（場所によってことなる）	30分100～150円から（サービスによってことなる）
貸し出し・返きゃく	借りたお店に返す	駐輪場で借り、ほかの駐輪場に返してもよい
利用時間	お店の営業時間内	24時間
支払い	おもに現金	おもにクレジットカード

ほかにもいろいろなもののシェアができるよ。レンタルとシェアはにているけどちょっとちがうね。

クロスワードパズルにちょうせん！

ごみや環境などについてのクイズをクロスワードパズルにしたよ。全問正解をめざそう！ 第1問と第2問のア〜エの文字をならべた言葉がパズルの答えだよ。

第1問

たてのかぎ

1 ひ災地などでこまっている人に、お金やものを送ることを何という？
2 衣類を身につけること。Tシャツを○○。
3 アメリカではドル、日本では？
5 えんぴつを長く大切に使うための道具のひとつ、○○○じく。
6 こわれた文ぼう具やおもちゃは、○○○○して使うといいね。
8 古ぎれが加工されてできる工業用のぞうきんを何という？
9 衣服の首まわりの部分のことを、何とよぶ？

よこのかぎ

1 エコまるは、地球にせまる○○を知らせに来たよ！
3 環境のことを考えてつくられた製品やサービスについているマークを○○マークというよ。
4 新品じゃない本のこと。もう読まないなら、売ってもいいかもね。
7 シェアは、ものを買わずに○○○○○することだよ。
10 3R(スリーアール)のひとつで、再使用することをなんという？

よこのカギ1は、
1巻を読めば
すぐにわかるね！

第2問

たてのかぎ

1 国民の祝日。8月11日は？ 海の日じゃないよ。

2 お父さんやお母さんのきょうだいの子ども。
洋服のおさがりをもらったり、あげたりできるといいね！

3 はきもののこと。小さくなっても、まだきれいなら回収してもらおう。

5 衣服などをあらってよごれを落とすことだよ。これのあとは、きちんとたたもう！

7 使わなくなったものは、○○○マーケットやバザーで売ってもいいね。

8 冷たくておいしい食べもの。食べ終わったら、ふくろやカップは分別しよう。

9 木の皮をはいだだけの材木のことだよ。木材はむだなく使いたいね。

11 部屋がごみだらけになるのは、身から出た○○だね。

よこのかぎ

1 にんじん、トマト、ピーマン、きゅうり。皮やしん、へたが生ごみになるよ。

4 取扱説明書のことを、4文字でこういうよ。きちんと読んで、正しく使おう。

6 暑さや寒さなどから、体を守ってくれているよ。「はだ」ともいうね。

8 クロスワードパズルは、○○○を使うよね。

10 かんやペットボトル、びん、紙を回収して、
資源として再利用することを何という？

12 衣類などの回収○○○○をおこなっている店もあるね。

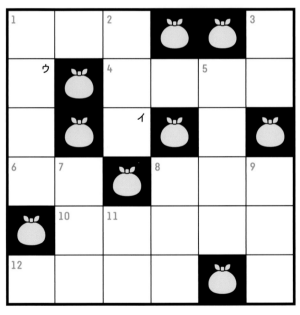

第1問より
少し
むずかしいかも！

いくつ正解
できたかな？

● 第1問の答え

● 第2問の答え

● パズルの答え

ぞうまこ

家族で「ごみゼロルール」を決めよう！

家のごみをへらすためにできることは、たくさんあったね！ 家族で、できること、できないことを話し合って、家族のルールを決めよう。

ただいまー。

お母さん、うちの冷蔵庫って、賞味期限切れのもの、入ってない？

どうしたの？急に？

家のなかのごみをへらすには、キッチンから！

今日、ゆうたくん家でいろいろ聞いてきたの！

いちばんへらしたいのは、この資源ごみ！

お父さんのビールのかん

お兄ちゃんのペットボトル

すごい……。1週間でそんなに……。

これ、お母さんが全部あらったの？

そうなのよ。それもたいへん。

それはおかしい！自分でやってもらおうよ！

作戦をねらなくちゃ…

うーん…

つぎの日

お父さん、お母さん、お兄ちゃん、今日はみんなに見せたいものがあります。

これです！

家のごみをへらすには？

問題点

・お父さんのかんビールのごみが多い。
・お兄ちゃんのペットボトルのごみが多い。
・牛乳パックと食品トレイがすぐにたまる。

これから、これらの問題点について話し合いたいと思います。

へらすっていってものどはかわくわけだし……。

それなら、マイボトルを持ち歩けばいいよ！

お父さんは、ビールの本数をへらすしかないね！

あと、リターナブルびんのビールを選ぶとか。

へえー、よく知ってるね。

そうだな、大切なことだから、みんなで考えよう。

ごみゼロ作戦！

お父さん	・ビールをへらす。 ・かんは自分であらう、すてる。
お母さん	・牛乳パックをスーパーの回収ボックスへ。 ・食品トレイをあらう、回収ボックスへ。
お兄ちゃん	・ペットボトルをへらす（マイボトル）。 ・ペットボトルは自分であらう、すてる。
みく	・牛乳パックをあらって開く。 ・賞味期限チェックをする。

（ほんの一例です）

ひとりひとりができることをすれば、いまより、よくなるよね！

そのとおり！

できることからはじめよう

みくちゃんのように、家族で話し合ってルールを決めるといいよね！

エコまる！

ごみゼロマスターに1歩近づいたね！つぎは学校と町のごみをへらすには、どうしたらいいか考えるよ！

もっと環境ラベルについて知ろう！

エコマーク

公益財団法人
日本環境協会
エコマーク事務局

https://www.ecomark.jp/

エコマーク事業をおこなっている日本環境協会のホームページ。エコマークのデザインや特ちょうについての説明のほか、エコマーク商品をさがせるページもあるよ。

グリーンマーク

公益財団法人古紙再生促進センター

http://www.prpc.or.jp/

グリーンマークを1981年に制定した、古紙再生促進センターのホームページ。紙のリサイクルについてのきそ知識や統計資料などが見られるんだ。センターの活動報告もあるよ。

エコレールマーク

公益社団法人鉄道貨物協会

https://www.rfa.or.jp

エコレールマーク事業をおこなっている鉄道貨物協会のホームページ。

再生紙使用マーク

3R活動推進フォーラム

https://3r-forum.jp

地方公共団体やNPO団体、業界団体、研究機関などが会員となり、3R活動を推進している、3R活動推進フォーラムのホームページ。

牛乳パック再利用マーク

全国牛乳パックの再利用を考える連絡会

http://www.packren.org

牛乳パックのリサイクルを進める、全国牛乳パックの再利用を考える連絡会のホームページ。回収のルールや、再生品ができるまでなどをしょうかいしているよ。

FSC®マーク

FSCジャパン（森林管理協議会）

https://jp.fsc.org/jp-jp

国際的な森林認証システムを運営している非営利団体 Forest Stewardship Council® のホームページ。

MSC「海のエコラベル」

一般社団法人MSCジャパン

https://www.msc.org/jp

国際的な漁業認証システムをつくった団体、Marine Stewardship Council（海洋管理協議会）のホームページ。

バイオマスマーク

一般社団法人日本有機資源協会

https://www.jora.jp/

レジぶくろや食品容器などのほかに、接着ざいやインキなどさまざまなバイオマスマーク商品の認定をしている日本有機資源協会のホームページ。

PETボトルリサイクル推奨マーク

PETボトルリサイクル推進協議会

http://www.petbottle-rec.gr.jp

ペットボトルのリサイクルを進める、PETボトルリサイクル推進協議会のホームページ。ペットボトルとペットボトルのリサイクルについて調べられるよ。

さくいん

監修　**和田由貴（わだ　ゆうき）**
節約アドバイザー、消費生活アドバイザー、3R推進マイスター

節約や省エネなど、幅広く暮らしや家事の専門家として多方面で活動。自身の経験から、ごみの減量が環境問題の改善とともに節約にもつながることを知り、節約生活の一環として推奨をしている。また、環境カウンセラーや省エネルギー普及指導員でもあり、2007年には環境大臣より「容器包装廃棄物排出抑制推進員（3R推進マイスター）」に委嘱され、3Rの啓発活動にも力を入れている。環境省「使用済製品等のリユース促進事業研究会」委員、中央環境審議会 廃棄物処理制度専門委員、食品廃棄物等発生抑制対策推進調査検討委員などを歴任。

協力 ● 一般社団法人MSCジャパン／一般社団法人日本有機資源協会／FSCジャパン事務局／株式会社ファーストリテイリング／株式会社良品計画／紙製容器包装リサイクル推進協議会／公益財団法人古紙再生促進センター／公益財団法人日本環境協会　エコマーク事務局／公益社団法人食品容器環境美化協会／公益社団法人鉄道貨物協会／3R活動推進フォーラム事務局／全国牛乳パックの再利用を考える連絡会／全国牛乳容器環境協議会／段ボールリサイクル協議会／日本おもちゃ病院協会／プラスチック容器包装リサイクル推進協議会／PETボトル協議会 PETボトルリサイクル推進協議会事務局

漫画・イラスト ● 渡辺ナベシ
イラスト ● 高山千草、田原直子
装丁・本文デザイン ● 若井夏澄（tri）
DTP ● スタジオポルト
校正 ● 村井みちよ
編集協力 ● 平田雅子
編集 ● 株式会社 童夢
写真協力 ● 九州製紙株式会社／amanaimages PLUS

めざせ！ごみゼロマスター
❷家でレッツごみゼロ

2021年2月28日　第1版第1刷発行

発行所　WAVE出版
　　　　〒102-0074
　　　　東京都千代田区九段南3-9-12
　　　　TEL　　03-3261-3713
　　　　FAX　　03-3261-3823
　　　　振替　　00100-7-366376
　　　　E-mail　info@wave-publishers.co.jp
　　　　http://www.wave-publishers.co.jp
印刷　　株式会社サンニチ印刷
製本　　大村製本株式会社